L'INDÉPENDANT,

A M. LE COMTE DE CAZES

AF562512

Le bonheur des peuples se fonde sur la sainte alliance des lois et de la liberté.

MONTESQUIEU.

Deuxième Lettre.

PARIS,

L'HUILLIER, LIBRAIRE-ÉDITEUR, RUE SERPENTE, n° 16;
DELAUNAY, LIBRAIRE, PALAIS-ROYAL.

1818.

IMP^e. DE MADAME JEUNEHOMME-CRÉMIÈRE,
RUE HAUTEFEUILLE, n° 20.

L'INDÉPENDANT,

A M. LE COMTE DE CAZES.

DEUXIÈME LETTRE.

MONSIEUR LE COMTE,

ON m'assure que ma première épître à V. Exc. a trouvé à la fois des apologistes parmi les indépendans et parmi les ultrà-royalistes. Ma modestie et mon amour propre m'obligent également de confesser que je n'ai mérité *ni cet excès d'honneur, ni cette indignité;* les indépendans n'ont vu dans la véhémence de mes attaques contre vous, qu'un dévouement exalté au culte des idées libérales, et ils m'ont rendu justice. Les ultrà n'ont aperçu dans mon inflexible amour pour la charte que des hostilités contre votre excellence, et afin de ne pas perdre une occasion de se tromper, ils ont salué mon indépendance du titre d'allié; politesse qui ne laisse pas que d'être fort embarrassante pour un citoyen malheureusement atteint *du vertige révolutionnaire* d'aimer son pays et la liberté. Qu'ai-je fait à ces messieurs pour être ainsi calomnié par leur approbation? Je ne puis croire qu'ils aient eu l'intention de vous venger; car, malgré l'importance que vous leur avez donnée aux dernières élections en les appelant au secours de votre détresse, il paraît que leur ingratitude se met aujourd'hui en pleine révolte contre le ministère. Dussé-je avoir aussi une part dans leur haine (et j'aime mieux avoir quelque chose de commun avec vous, M. le Comte, qu'avec ces messieurs,) je veux, en bon Français, leur montrer dans une prochaine lettre que je ne suis pas leur complice, et signaler à mon tour la marche et la dangereuse ambition de ce parti. Mais achevons nos débats commencés sur le projet de loi de la liberté de la presse: j'ai du moins dans mes censures contre vous, monseigneur, le dédommagement des compensations.

En répondant à l'un des orateurs qui demande le jury, votre excellence nous dit: *Le trône ne saurait faire de concessions, ou plutôt ces concessions ne peuvent être que des bienfaits.* Prenez garde, M. le Comte, il me semble que nous nous éloignons de la question; on ne réclame ici ni concession, ni bienfait; c'est une dette qu'on réclame. Le roi a donné la charte à ses peuples, et voilà un bienfait immense, inappréciable; ce bienfait, les peuples le paieront d'une éternelle reconnaissance. Peut-être cette reconnaissance eût été mieux sentie, plus profonde, plus unanime, si la France eût joui sans obstacle de ce présent de la munificence royale; si les mains parcimonieuses de quelques ministres n'eussent retiré un à un ces bienfaits que les mains libérales du monarque avaient répandus sur son peuple; mais le temps est venu d'accomplir enfin des promesses trop long-temps éludées. Ce n'est pas une concession, je l'ai dit, c'est une dette que la France entière réclame. La charte a garanti la liberté de la presse sauf une loi répressive; le ministère présente cette loi; il s'est borné à y déterminer le cas et les formes de la saisie; la chambre a cru, avec quelque apparence de raison, que ce point, tout important qu'il est, n'est pas le principal; que la loi qui doit garantir la liberté et réprimer la licence est imparfaite, illusoire, impossible tant qu'il n'existera pas de Code pénal de la presse; qu'en attendant ce Code, la loi actuelle doit au moins déterminer la juridiction qui convient à des délits d'une nature toute particulière. La chambre a cru que l'opinion était le seul juge raisonnable et naturel de la pensée; que cette opinion ne peut être représentée que par douze citoyens pris parmi les jurés, qui eux-mêmes sont choisis dans les diverses classes de la société. Vous avez pensé, au contraire, M. le Comte, que les véritables interprètes de cette opinion sont des juges correctionnels; vous avez été plus loin, et par une prévoyante sollicitude, que des gens qui auraient moins de confiance en votre bonne foi pourraient soupçonner de quelque ruse, vous avez craint les jurés pour la liberté même: *Il n'y aurait jamais, dites-vous, de jurisprudence fixe, les auteurs ne pourraient connaître les bornes et les limites qu'ils ne pourraient enfreindre sans danger.* Vraiment, M. le Comte, il y a bien un autre moyen de les connaître; et à ce propos, je vous prierai d'écouter une petite histoire ; elle vient de bonne source, et M. Suard, qui en sa qualité de censeur royal avait aussi quelquefois placé des bornes, aimait à la raconter. Un auteur de sa connaissance s'avisait de trouver que le gouvernement directorial n'était pas le meilleur possible. (Nous autres faiseurs de politique nous ne sommes jamais contens.) Il fit plus, il s'avisa de le prouver, et de fortifier la preuve par quelques démonstrations assez mal sonnantes pour les oreilles ministérielles d'alors. *Eh! mon ami, que faites-vous donc là?* lui disait M. Suard, dont la conscience de censeur était toute effrayée de l'audace de l'écrivain. *Que voulez-vous?* répondait l'autre, *ne dit-on pas que nous jouissons de la liberté de la presse, sauf certaines limites qui ne sont pas encore bien déterminées? Je cherche ces limites.* A quelques jours de là la police interrompit notre auteur dans ses utiles recherches. *Ah! mon Dieu*, s'écria M. Suard, en apprenant cette triste nouvelle, *le pauvre homme! il a trouvé les limites.* L'anecdote est bonne à conserver, et je me suis basardé à en égayer cette grave épître sans trop savoir si vous êtes aujourd'hui en humeur d'entendre la plaisanterie. Je la quitte donc au plus vîte, et je demanderai très-sérieusement à votre excellence quelles autres bornes un écrivain doit chercher que les lumières d'une raison éclairée, les inspirations d'un cœur généreux, et son respect religieux pour les lois qu'il aime ; ou, à défaut de ces nobles sentimens, la crainte du châtiment dont ces mêmes lois menacent quiconque les outrage. Cela ne vous suffit pas, M. le Comte, vous voulez d'autres garanties. Mais quelles sont ces bornes et ces limites que vous posez au génie? L'opinion bonne ou mauvaise établie dans la tête de quatre ou cinq juges correctionnels? Je l'avoue humblement, ce n'est pas là que j'aurais cherché mes bornes et mes limites. Ainsi, M. le Comte, les Pascal, les Fénélon, les Massillon, les Montesquieu, les Rousseau, s'ils renaissaient parmi nous, seraient donc obligés de mesurer le vol de leur pensée sur l'intelligence de ces messieurs! Ils iraient donc compulser les sentences correctionnelles pour savoir quelle est l'étendue de liberté qui leur serait permise! et messieurs des tribunaux correctionnels pourraient leur dire : « Tu n'iras que jusques-là, « parce que c'est là que mon opinion a mis

« des bornes aux tiennes. » J'ai quatre ou cinq mots tout prêts pour caractériser un pareil raisonnement ; mais fidèle à la politesse comme à la vérité, j'aime mieux ne rien caractériser, et je me contenterai de vous faire une question.

S'il arrivait qu'inspirés par une candeur aussi rare qu'estimable, les juges vinssent vous déclarer, pour ainsi dire, que ces matières ne sont point de leur compétence, qu'elles sortent du cercle ordinaire de leurs études et de leurs méditations ; enfin si, de leur propre aveu, ils allaient presque jusqu'à se récuser, vous les forceriez donc à juger sans comprendre, et vous ne leur feriez aucun quartier, quoiqu'ils vous criassent comme cet honnête homme dont les archives de l'épigramme célèbrent la bonne foi naïve :

Nous avons déjà jugé
Dix causes sans les entendre.

Sans doute on a vu quelques Perrin-Dandin avoir la manie de juger ; mais la manie de forcer les gens à juger malgré eux, est encore bien plus burlesque, et en vérité, M. le

Comte, cette plaisante imagination m'inspirerait une gaieté folle, si le sujet était moins sérieux, et si l'honneur que j'ai d'écrire à une Excellence ne la tempérait d'une gravité salutaire.

Au reste, je suis loin de vouloir jeter aucune défaveur sur une classe de juges que je puis trouver fort utiles et très-respectables sans leur accorder à tous des lumières supérieures. Vous allez me demander si ces lumières supérieures je crois les trouver dans tous les membres du jury proposé? non sans doute; mais aussi n'est-ce pas nécessaire. Il y a pour cela mille raisons que la pénétration de Votre Excellence sentira, et qu'il serait superflu de lui détailler. Je dirai seulement qu'il n'est pas rare de voir des hommes très-éclairés avoir sur certaines doctrines des opinions très-ridicules; que l'opinion des juges permanens qui doit être, selon vous, la règle des écrivains, ne sera jamais qu'une espèce de système, une opinion individuelle, tandisque par sa composition même le jury toujours mobile, toujours renouvelé, offre, dans l'opinion qu'il exprime, l'image de celle de la société.

Je desire, M. le Comte, que ce raisonnement ait un peu calmé votre conscience timorée, et vous ait fait revenir de vos touchantes inquiétudes sur le destin de la liberté de la presse confié à un jury. Vous avez d'ailleurs pour vous rassurer sur le point, la réunion des *opinions extrêmes*, comme vous les appelez, et de plus l'opinion intermédiaire de vos *amis*, comme vous dites encore. Vous ne ferez pas difficulté de reconnaître, avec toute la France, que si l'indispensable nécessité du jury a été démontrée avec talent et conviction, c'est sur-tout à MM. Beugnot, Camille Jordan et Royer-Collard qu'il en faut attribuer la gloire. Ce dernier, sur-tout, a développé la question avec une profondeur et une clarté à laquelle il ne me semble pas qu'aucun homme éclairé et de bonne foi tout ensemble ait pu résister. Aussi tout ce qu'il y a dans la chambre d'orateurs remarquables par leur talent, la certitude et la fermeté de leurs opinions ont pensé que ce point du jury pouvait, devait même être l'objet d'un mandement. Votre Excellence voit bien que je ne peux comprendre dans ce nombre quatre ou cinq députés dont vous ne vanterez pas l'éloquence, et trois à quatre membres du ministère ou du conseil, louangeurs obligés des projets, et dont le devoir est rempli quand ils les ont défendus. J'ai quelquefois entendu comparer ces messieurs à ces pauvres avocats forcés de plaider d'office pour quelque malheureux qui n'a pu trouver de défenseur ; cette fonction sans doute est noble et généreuse, mais elle est rarement efficace. J'ignore si la comparaison est exacte ; quoi qu'il en soit, le dissentiment des membres dont je viens de parler sera loin de balancer l'unanimité des orateurs pris indistinctement dans tous les rangs de l'assemblée. Cette unanimité a frappé tous les esprits, et l'ingénieuse facétie de M. Blanquart de Bailleul l'a fait mieux ressortir encore (1). Certes il n'est pas d'argument sérieux qui ne cède à l'originalité d'une si heureuse saillie. Il est possible qu'à vos yeux, M. le Comte, celle de l'honorable membre ait paru plus naïve que piquante ; je connais trop la délicatesse du tact de votre excellence, pour me basarder à la contredire en rien ; je prendrai seulement la liberté de lui faire remarquer que

---

(1) Séance du 17 décembre.

l'exclamation de M. Blanquart de Bailleul a sans doute été improvisée, et votre excellence sait fort bien que l'improvisation a besoin de quelque indulgence.

Une autre question non moins importante que le jury, c'est celle de la publication. Votre excellence a sans doute été frappée des lumières dont la discussion des deux chambres a environné cette question, si claire en elle-même pour tout esprit juste, mais qui avait été un instant obscurcie.

D'après les notions les plus simples de notre droit criminel, conforme sur ce point à la raison, il ne peut y avoir crime que lorsqu'il y a commencement d'exécution. Tout le monde est d'accord que le commencement d'exécution ne peut être ici que le commencement de la publication. Toute la difficulté est donc de fixer le point où cette publication commence. On prétend que ce point est difficile à déterminer; cela se peut, mais cela ne fait rien à la question; quelque difficile qu'il puisse être d'établir la culpabilité d'un accusé, il n'est pas moins indispensable de l'établir avant de condamner. J'ai composé un livre aussi coupable que vous voudrez le supposer, j'en ai fait le dépôt que la loi prescrit ; quel que soit l'intervalle qui doive s'écouler entre le dépôt et le moment où je puis publier, il est de toute évidence que j'ai la possibilité morale de changer de dessein. Les conseils d'un ami, ce remords salutaire dont la voix est si puissante, sur-tout au moment de l'exécution d'un crime, viennent tout-à-coup m'éclairer, et je suspends la distribution du poison qui tout entier est encore dans mes mains. Devant les lois humaines je ne suis pas plus coupable alors qu'au moment où j'ai composé mon livre, qu'au moment où je l'ai livré à l'impression, qu'au moment où j'en ai fait le dépôt. Aux yeux de Dieu, plus indulgent que les hommes, je suis plus vertueux, car je me suis repenti ; et c'est ce moment que vous choisissez pour me punir ! Certes, dans cette hypothèse, ma condamnation est un acte d'iniquité devant le ciel et devant la terre. Or c'est évidemment ce qui arrive dans le cas où l'on confond la publication et le dépôt. Que votre excellence soit tombée dans cette erreur, je le lui pardonne ; les habitudes et les erremens d'un ministère tout préventif de sa nature ont pu, dans cette occasion, avoir une fâcheuse influence sur la rectitude ordinaire de son jugement; mais ce qui m'a jeté dans un étonnement dont je ne suis pas encore revenu, c'est que le chef de la magistrature, le garde des sceaux lui-même, ait professé cette doctrine erronée. Sans doute il l'a soutenue avec tout le talent qu'on peut imaginer; ses argumens ingénieusement développés sont très-propres à surprendre des esprits peu attentifs; mais je dépouillerai son raisonnement de ces couleurs spécieuses dont il est revêtu, et je dirai en quatre mots : *Vous ordonnez le dépôt de tout imprimé; ensuite vous posez que la publication seule fait le crime; puis vous déclarez que le dépôt et la publication ne sont qu'une seule et même chose; donc vous avez ordonné la publication, donc vous avez ordonné le crime que vous punissez, donc vous êtes absurde.*

Par quel étrange abus de mots peut-on nous dire : *Le jour où l'imprimeur et l'auteur font le dépôt il n'y a plus de doute sur leur intention, ni sur l'exécution de cette intention* (1)?

(1) Discours de M. le garde des sceaux à la chambre des pairs.

Sur l'*intention*, je l'accorde. Sur l'*exécution*, c'est ce que je nie de toutes mes forces. Non certes rien ne peut vous donner le droit d'assimiler le dépôt à la *distribution*, parce que rien ne peut vous donner le droit de me constituer coupable quand je puis encore ne pas l'être.

Combien cette vérité, qui me semblait démontrée avant la décision des chambres, me paraît plus évidente encore aujourd'hui qu'elle vient d'être consacrée par leur suffrage réuni! Ce suffrage a dû être forcé par une conviction bien intime, car on ne connaît que trop les précautions prises contre l'amendement sur la publication.

Je me garderai bien, M. le Comte, d'oser, comme on l'a fait avec une haute imprudence, mettre la raison du monarque en opposition avec la raison des deux chambres. Rien ne me dit que le roi ait ordonné de faire à la chambre des pairs l'étrange communication qui lui a été faite; et tout me persuade au contraire que ce n'est ici qu'un trait d'adresse ministérielle, une précaution oratoire destinée à fortifier des argumens évidemment trop faibles, et à couvrir un principe inadmissible de l'immense autorité d'un nom cher et sacré. Je souhaite seulement que les ministres n'aient pas souvent recours à un pareil moyen, aussi peu d'accord avec l'indépendance des chambres qu'avec ce respect qu'il convient toujours de concilier à la manifestation des volontés du prince.

Depuis 1814, les chambres se sont occupées trois fois d'une loi de la presse, et Dieu sait quelle liberté il en est résulté! il ne paraît pas que les chambres aient été fort contentes de leurs propres lois, puisque ceux-là même dont elles étaient l'ouvrage s'en sont publiquement repentis. Il est certain d'ailleurs que la nation n'en a pas été fort reconnaissante; je ne vois guère que les ministres qui aient eu le talent d'être satisfaits chaque année de ce qui n'a satisfait personne.

Pourquoi se le dissimuler, M. le Comte? le seul moyen de faire une bonne loi sur la liberté de la presse, le seul qui soit digne d'un gouvernement qui veut marcher dans la franchise et la bonne foi, c'est de faire une loi toute nouvelle, et d'abolir sans exception et sans réserve les lois de 1814, 1815, 1816, ainsi que toutes les lois antérieures, recueil de dispositions obscures, contradictoires, oppressives, au moyen desquelles on peut à volonté créer un délit et trouver un châtiment, véritables embûches où la justice semble se tenir en embuscade. Vous, monsieur le Comte, qui aimez les comparaisons, ne trouvez-vous pas que cette justice est toute semblable à l'insecte industrieux et perfide qui file son dangereux tissu dans les coins les plus obscurs pour mieux surprendre sa proie? N'est-il pas temps enfin que l'on cesse de rappeler les lois impériales à la suite de toutes les lois nouvelles? D'où vient cette obstination des ministres à faire recueillir à la légitimité cet héritage du despotisme? Ne savent-ils pas que la nation l'a frappé d'une réprobation unanime, et que si ce peuple qui dans son amour ne donne à la liberté d'autre rivale que la gloire, n'a pu supporter des fers cachés sous des palmes, il souffrirait impatiemment sans doute des chaînes toutes nues?

Cependant, monsieur le Comte, vous trouvez mauvais qu'on ait reproché au gouvernement de n'avoir pas encore présenté un projet de Code pénal de la presse. En effet, à quoi bon le demander? vous nous l'avez promis l'année dernière, vous nous le promettez cette année, vous nous le promettrez l'année prochaine; certes, il faudrait être de bien mauvaise foi pour prétendre que vous nous le refusez. A la vérité, de bonnes gens qui ont appris la politique au moins dans leur Molière, savent que :

> Belle Philis, on désespère,
> Alors, qu'on espère toujours.

Mais cette sentence ne vous embarrasse pas, et vous répondez en style non moins poétique, *qu'il n'y a point de péril en la demeure;* et puis vous demandez *comment un état de choses qui dure depuis 25 ans sans inconvéniens, du moins sans plaintes, a pu tout d'un coup exciter de si vives réclamations.* Ce profond étonnement est assez gai, monsieur le Comte; certes il y a là un trait de caractère d'un naturel précieux; et je veux parier que si l'on présentait cette phrase isolément au premier venu, en lui demandant d'où elle vient, il le devinerait sans hésiter. Il y a des grâces d'état; croire que la législation de la presse pendant les jours de la terreur et dans les jours plus récens du despotisme fut *sans inconvéniens*, n'avoir pas entendu *les plaintes* dont elle a été l'objet; voilà sans doute un avantage tout particulier à la police! Ainsi donc, ces hommes qui semblent faits pour tout voir et tout entendre, perdent à volonté l'usage des yeux et des oreilles, et deviennent semblables aux idoles de l'Ecriture, *aures habent et non audient*, *oculos habent et non videbunt.* Heureux encore si la ressemblance était parfaite, s'ils ne voyaient pas quelquefois ce qui n'existe point, et s'ils n'entendaient pas ce qui n'a pas été dit!

Avec l'heureuse disposition où vous semblez être, monsieur le Comte, il ne faut pas s'étonner de l'espèce de projet que vous avez présenté. Il faut se demander plutôt comment il se fait qu'il apporte quelques améliorations à la législation précédente, elle était si parfaite! elle avait reçu de la nation un assentiment si unanime! et vos adversaires, comme vous les appelez, sont des gens bien bizarres et bien difficiles.

Ce mot d'adversaires revient souvent dans votre bouche; il semble vous plaire et chatouiller votre amour propre, et chaquefois que vous parlez de vos ennemis, on dirait que ce n'est qu'une tournure oratoire pour rappeler vos triomphes. Cependant ces prétendus adversaires protestent qu'ils ne pensent pas même à vous; défenseurs fidèles de la constitution, ils combattent franchement tout ce qui la blesse, et ne s'informent pas de quelle part vient l'outrage. Sans protester perpétuellement de leur amour pour le roi, ils respectent religieusement la loi que le roi nous a donnée, et ils demandent quels sont les plus dévoués, ceux qui défendent constamment son auguste ouvrage, ou ceux qui se munissant toujours de pompeuses protestations, comme d'une précaution oratoire, viennent chaque année en faire dans les deux chambres, la satire périodique par leurs éternelles restrictions.

Au reste, cette question qu'ils font, ils pourront la faire long-temps; Votre Excellence nous en donne l'heureux présage. *La marche que suivent les ministres*, dites-vous, *n'est pas prête à changer ; elle ne changera jamais*, c'est-à-dire qu'ils ne cesseront jamais de déclarer que la charte est à leurs yeux l'ouvrage de la sagesse et du génie, et qu'ils ne cesseront jamais de prouver le contraire, en restreignant ou détruisant toutes les franchises qu'elle garantit. Voilà donc tout le secret du ministère ; sa marche est adroite sans doute : l'aveu qu'on en fait ne l'est peut-être pas autant. Je l'ai déjà dit, l'improvisation a des inconvéniens ; un ministre qui parle devant les représentans de la nation, ferait peut-être sagement de ne pas s'y exposer souvent ; et cependant, si je m'en souviens bien, vous avez eu le temps de préparer cette phrase ; un certain murmure (que l'épithète de flatteur ne caractériserait peut-être pas très-exactement) vous avait donné le loisir de la réflexion.

On vous a fait dans le cours de la discussion un reproche que vous auriez dû passer sous silence plutôt que d'y répondre aussi légèrement que vous l'avez fait, il s'agit de la disette qui a désolé la France.

Les ministres, dites-vous, ne sont pas tenus de commander aux élémens; nous n'attendons pas d'eux des miracles, mais ils sont tenus de prévoir, et les orages qui détruisaient les moissons ont averti trois mois d'avance la prévoyance des ministres. Si les noirs de nos colonies n'ont pas de liberté, ils ont du moins la certitude que leurs maîtres veillent à leur subsistance. Le cœur du roi, dans cette occasion, a senti tous nos maux, et je n'ai pas de peine à vous croire; les bienfaits que ses mains ont versés à cette triste époque, parlent encore plus éloquemment que vous; mais cette affliction paternelle du prince que vous exaltez, M. le Comte, n'est-ce pas un reproche que vous vous adressez? n'accuse-t-elle pas votre imprévoyance? L'acte le plus signalé de votre dévouement eût été sans doute d'éviter à ce bon prince la douleur d'avoir *mal à notre estomac*, selon la tendre expression de madame de Sévigné. Votre estimable confrère de l'intérieur qui s'occupe, dit-on, en ce moment, d'un nouveau réglement sur les théâtres, et dont la politique pour gouverner le peuple paraît adopter la maxime, *panem et circenses*, devrait au moins ne pas en omettre la partie la plus essentielle. Au surplus, si cette légère inattention a semé la révolte dans quelques départemens, si le ministère s'est montré un peu négligent à prévenir une famine séditieuse, il faut convenir que son zèle a été infatigable pour la réprimer; les grands prévols du moins ne se sont pas fait attendre. C'est une justice qu'il faut vous rendre, M. le Comte, et ce compliment, tout hardi qu'il peut vous paraître, ne l'est pas autant que le ton avec lequel vous cherchez à justifier le ministère sur ce point. La disette et les cours prévôtales sont les pages honteuses de son histoire; vous tenteriez en vain de les arracher.

Je viens à votre long article sur les journaux, et j'y répondrai brièvement. Si j'avais l'honneur d'être membre de la chambre des députés, j'aurais peut-être accordé la censure pour un an : ainsi vous voyez que je ne suis pas ennemi des concessions; mais en faisant celle-ci (qui m'eût sans doute été pénible), j'aurais exigé du moins que le ministère eût la pudeur de ne jamais se permettre de supprimer un journal imprimé avec l'approbation de son censeur. Si quelque grand crime a passé inaperçu sous les yeux de cet arbitre de l'opinion, punissez-le de ne pas savoir son métier, punissez même l'auteur coupable d'un crime si évident; mais respectez et les droits du propriétaire et ceux du public avec lequel il s'est engagé, pour ainsi dire, sous votre

Je ne puis pas non plus quitter cet article sans relever le reproche que vous faites à l'un des honorables membres : vous prétendez que par ces mots le *pouvoir du temps*, il a désigné le *pouvoir du roi*. Non, M. le Comte, le pouvoir du roi est un pouvoir permanent, immuable ; le pouvoir du temps est en général un pouvoir passager quelconque, le pouvoir des ministres, par exemple. C'est vous, Monseigneur, devant qui brûlent incessamment ces suaves cassolettes ; mais vous êtes si modeste, que vous ne vous en apercevez seulement pas.

Prenez garde, je vous prie, que ce n'est pas moi qui vous donne cette louange ; je suis peu louangeur, je crains singulièrement de faire le rôle de cassolette. D'ailleurs vous ne pouvez être dignement loué que par vous-même, et c'est en effet de vous que nous apprenons tous les efforts que vous faites *pour vous défendre d'un juste orgueil.*

Et cependant, M. le Comte, qui plus que vous aurait le droit de s'énorgueillir ? Vous présentez une loi qui est attaquée par le côté droit, par le côté gauche, par le centre de l'assemblée ; vos amis, vos ennemis, presque tous les membres doués du talent de la parole et de l'indépendance du caractère se réunissent pour vous combattre : eh bien ! vous triomphez du côté droit, du côté gauche et du centre; amis et ennemis, tout fléchit devant vous, et cette victoire est d'autant plus glorieuse, que vous l'avez obtenue tout seul; votre collégue de l'*intérieur* vous a très-mal défendu : on dit qu'il n'a pas été content de vous dans cette discussion; mais certes, vous avez eu beau jeu à le payer du même sentiment. Comme ce n'est pas à lui que j'écris, je n'ai besoin que de franchise, et je lui dirai sans détour, qu'on attendait autre chose du ministre qui avait si vaillamment combattu pour la loi des élections. Les idées vraiment libérales portent bonheur à ceux qui les défendent; dans cette circonstance il semble les avoir abandonnées, et il a été abandonné de son talent. Il n'y a que vous, M. le Comte, qui ne soyez pas soumis à cette influence; bons ou mauvais, vous défendez de même tous les projets de lois, et dans cette occasion sur-tout il paraît que vous avez forcé la conviction : car je respecte trop le titre de député et sur-tout celui de Français pour jamais supposer qu'aucun membre ait cédé à d'autres considérations qu'à celle de la persuasion la plus intime. Je le croirais, que je ne le dirais pas par égard pour la nation. Si quelque membre est aveugle, il est aveugle de bonne foi, et peut-être devons-nous respecter son erreur : les exemples de décisions prises par complaisance n'ont été que trop fréquens, sans en chercher de nouveaux.

Il fut un temps où, comme vous savez, M. le Comte, *il était plus facile de trouver des moines que des raisons.* Dans ce temps, il courut par la ville un petit proverbe qui disait : *Opiner du bonnet comme un moine en Sorbonne.* Mais ce temps est loin de nous, au grand chagrin des railleurs, qui auraient pu trouver plaisant d'arranger le proverbe avec cette petite variante : *Opiner du bonnet comme un ministériel dans la chambre des députés.* Ce n'est pas que de tout temps les *pedarii* (1) n'aient été en nombre honnête dans les assemblées publiques ; Cicéron avait peur quelque

(1) Tout le monde connaît cette espèce d'opinant qui, pour donner leur avis, n'avaient besoin que de savoir marcher. Quand ils partageaient le sentiment d'un préopinant, ils quittaient leur place et allaient se ranger près de lui.

fois de ce qu'il appelait : *magna pedariorum voluntas.* Mais, je le répète, le temps des Romains est passé, aussi-bien que celui des gens qui disputaient sur la grace efficace; il n'y a plus maintenant ni *pedarii*, ni *moines qui opinent du bonnet ;* et ce ne sera jamais nos députés qui en rappelleront le souvenir. Mandataires des Français, ils auront cette loyauté française sans laquelle ils ne seraient pas dignes de nous représenter, et s'il était possible que les intérêts de la nation fussent trahis par eux, ce serait une erreur de l'esprit, jamais un crime du cœur. Le temps n'est pas loin peut-être où tous seront convaincus que défendre la constitution, rien que la constitution, c'est défendre à la fois le roi et la nation dont la charte est le lien indissoluble, c'est remplir leur devoir de sujet, leur devoir de député d'une nation qui pour être royaliste n'a pas attendu le conseil des ministres.

Aussi, M. le Comte, lorsque vous nous dites que votre but est de *royaliser la nation*, je vous répondrai que ce but est fort louable, mais facile à atteindre; et que le meilleur moyen pour y parvenir, s'il restait encore quelque chose à faire sur ce point, serait de *cons-*

titutionnaliser le ministère. Ce point obtenu, tout ira bien pour vous, pour le roi et pour la France.

Je ne finirai point, M. le Comte, sans vous dire que votre discours a semblé très-beau à tout le monde. On y trouve presqu'à chaque phrase ce ton d'assurance, cette confiance parfaite en soi-même qui annonce l'homme destiné aux grandes choses; ce profond mépris de l'opinion des autres, marque certaine d'une infaillible supériorité; un talent historique qui sait rapprocher et comparer des époques où un esprit vulgaire ne verrait aucune ressemblance; des pensées qui surprennent d'abord par leur nouveauté; des périodes bien académiques, même des mots heureusement crées, enfin tout, exceptéce que vos honorables ennemis appellent de bonnes raisons. Vos honorables amis disent à peu près la même chose; moi qui n'ai l'honneur d'être ni l'un ni l'autre, je me tais, M. le Comte; je ne veux pas vous louer, on dirait que je vous flatte; je ne veux pas non plus vous blâmer, car si, par un de ces hasards qui ne se rencontrent guères, il allait arriver que j'eusse raison contre vous, qui sait ce qu'il en pourrait advenir? Vous ne l'ignorez pas, ce fut toujours un grand crime d'avoir raison, mais c'est un crime encore bien plus irrémissible d'oser prouver à une excellence qu'elle peut avoir tort.

J'ai l'honneur, etc.

P. S. Au moment où je finis cette lettre on m'apprend le triste sort que votre loi a éprouvé à la chambre des pairs, et l'on m'apporte le discours que vous y avez prononcé. Celui-là est encore improvisé, et les journaux pouvaient se dispenser de nous en avertir; on s'en aperçoit sans peine. Votre Exc. a quitté tous ses adversaires pour ne plus lutter que contre un seul; et elle a fait cet honneur à celui de tous qui lui a semblé le plus redoutable non au projet, mais au ministre. Je ne sais trop si ces petites altercations où un membre du ministère se montre plus attentif à défendre la cause de son amour propre que les grands intérêts de la nation, et les principes fondamentaux de la loi qu'il soutient, sont dignes d'occuper si long-temps les chambres législatives; mais ce que je sais fort bien, et ce que ma franchise ne me permet pas devous taire, c'est que votre excellence m'a semblé singulièrement faiblir devant le noble pair qu'elle a voulu combattre. Quand M. deChâteaubriand estassez heureux pour que la force des choses le contraigne à embrasserune bonne cause, il la couvre de toute la puissance de son talent, et sous cette égide la cause qu'il défend est peu vulnérable. Son discours qui vous aurait plu, j'en suis sûr, si vous n'étiez partie intéressée, *n'ira point mourir ignoré dans quelque salon de Paris*. Quelle que soit la modestie bien connue du noble pair, il ne présageait pas à son *chef-d'œuvre* (1) une si triste destinée. Ah! sans doute il était animé d'une meilleure espérance, et cette espérance a dû être délicieusement chatouillée quand il a vu son éloquence si complètement victorieuse de vos trop faibles réfutations. Il faut le dire, M. le Comte, hormis un ou deux points sur lesquels le noble vicomte prêtait le flanc, et que votre excellence à semblée ne pas apercevoir, ses argumens principaux étaient

---

(1) Expressions du noble et modeste vicomte.

difficiles à vaincre ; aussi vous avez trouvé prudent de ne les point attaquer ; vous avez épuisé toutes vos forces à lutter pour des bagatelles, et les points capitaux de la discussion n'ont plus trouvé en vous qu'un athlète sans vertu.

Si je me donnais le plaisir inhumain de rapporter les divers paragraphes de votre discours avec un petit commentaire sur chacun d'eux, je ferais là un travail plus déplaisant pour vous qu'utile pour la question ; je m'en dispenserai donc ; les boules noires des nobles pairs vous ont répondu assez péremptoirement ; d'ailleurs que nous dit votre discours ? J'y vois le même argument sans cesse répété sous la même forme, ou sous une forme nouvelle ; mais c'est toujours le même argument. Votre excellence ne se lasse pas de demander : *En quoi consiste l'esclavage de la presse ? En citerait-on un exemple?... Où donc est l'arbitraire? Peut-on citer un seul fait?* Le raisonnement est pressant, j'en conviens, pour quiconque se paie de mots. Mais ceux qui n'ont pas le bonheur de se contenter si facilement vous ont démontré d'une manière convaincante que la presse n'est pas si libre que vous le supposez ; ils pensent que si elle l'était, *les exemples* et *les faits* ne manqueraient peut-être pas ; et dans cette persuasion ils vous prient de leur permettre de ne voir dans vos questions redoublées qu'une petite plaisanterie heureusement imaginée pour égayer une matière grave de sa nature ; ils ont trouvé sur-tout que vous terminiez votre discours d'une manière fort piquante par le petit compliment adressé à *ce ministère qui a toujours si bien prouvé qu'il ne recourait jamais à l'arbitraire.* Pour moi, M. le Comte, qui ai le malheur d'examiner un peu les choses, sans m'embarrasser du nom dont on les colore, je ne peux m'empêcher de croire que l'arbitraire, quoique momentanément consacré par des lois d'exception, ne soit toujours l'arbitraire. J'admire que notre langue, qui a passé jusqu'ici pour la plus claire et la plus précise des langues connues, semble maintenant si obscure et si vague dans nos assemblées législatives. Ne serait-il pas prudent que les chambres se missent en communication directe avec l'Académie pour en obtenir au besoin la définition officielle des mots du dictionnaire? Alors, grâce à la décision des gardiens sacrés de la pureté du langage, on ne verrait plus confondre ensemble les mots *amnistie* et *châtiment*,

réprimer et *prévenir*, *dépôt* et *publication*, *arbitraire* et *constitutionnel.*

Votre excellence, toute occupée qu'elle était du discours de M. de Châteaubriand, n'aura sans doute pas remarqué une petite proposition perdue dans le discours d'un autre membre (1), et qui intéresse particulièrement son ministère; il me semble qu'elle aurait bien aussi mérité quelque petite réfutation. Le noble comte, qui sans doute doit se connaître en justice, s'exprime ainsi : *On confond dans la législation de la presse deux choses qui doivent être bien distinctes, la police et la justice.* J'avoue que, pour mon compte, si j'étais ministre de la police, j'aimerais mieux entendre démontrer en quoi la police et la justice se ressemblent, que de voir un orateur s'évertuer à prouver en quoi elles ne se ressemblent pas. Il est possible que ce petit compliment, peu flatteur pour la police, le noble pair l'ait fait à bonne intention, d'ailleurs son discours renferme quelques autres propositions plus honnêtes, et qui ont pu excuser la première auprès de votre excel-

(1) M. le comte Abrial.

lence. Certes un orateur qui vient vous dire, avec cette bonhomie qui prouve la conviction : *Qu'importe au fond que le dépôt soit ou non publication, si c'est l'unique époque où la police puisse agir*, et puis qui ajoute plus bas : *Ceci amène donc impérieusement la nécessité des mesures préventives; c'est de toutes les législations la meilleure.* Un tel orateur, dis-je, n'est pas de ces hommes que la police ait aucun intérêt à réfuter; je ne le réfuterai pas non plus; ces argumens et quelques autres de la même force déjà présentés dans la question, avec plus d'adresse, avaient aussi été détruits avant que le noble pair les répétât. Moi-même, dans cette lettre, je ne les ai point passés sous silence, et j'avoue que je suis bien aise d'être dispensé de faire ici au noble pair une réponse que son amour propre me saura gré de lui épargner.

Ceux qui se vantent de pénétrer dans les mystères de la chambre secrète assignent diverses causes au rejet de la loi de la presse. Ma profonde vénération pour la pairie de France ne me laisse apercevoir qu'un seul motif, l'imperfection du projet de loi. Si cette décision nous rejette sous l'empire de je ne sais quelles lois antécédentes, nous nous consolerons de ce malheur passager par l'espoir que cette leçon profitera aux ministres, et qu'ils se hâteront, à l'ouverture de la prochaine session, d'apporter non plus un de ces avortons de projets mal digérés, mais une loi lentement perfectionnée, et mûrie dans les discussions actuelles, digne de sortir d'un ministère éclairé, et d'être offerte à la nation qui l'attend avec une si ardente impatience.

Nous sommes encore trop jeunes dans le gouvernement représentatif pour y être fort habiles. Il y a dans chaque loi (et nous aurons plus d'une occasion d'en faire la remarque) une disposition fondamentale qui lui imprime profondément le caractère constitutionnel qui en fait, pour ainsi dire, une conséquence, une émanation de la charte; ôtez cette disposition, votre loi perd toute sa vertu, parce qu'elle cesse d'être en harmonie avec la loi première d'où doivent découler toutes les autres lois.

Dans la question de la presse, cette disposition fondamentale est l'établissement du jury. Sa nécessité victorieusement établie dans la discussion des deux chambres n'est plus une conjecture; et plus nous ferons de progrès dans le régime actuel, plus la conviction sur ce point sera étendue et profonde. Sans jury, il n'y a point de liberté de la presse, par conséquent point de loi répressive véritablement constitutionnelle; il faudra donc absolument que les ministres accordent le jury, et dans l'intérêt de la nation, et, ce qui est pour eux un argument non moins convaincant, dans le propre intérêt de leur place. Que les membres du ministère y réfléchissent sérieusement, un temps viendra où, pour rester ministre, il faudra être constitutionnel; c'est ce que je vous souhaite de tout mon cœur, monsieur le Comte, car je vous proteste qu'avec cette qualité j'aimerais mieux vous voir ministre que bien d'autres.

BIBLIOTHÈQUE ROYALE

ERRATA POUR LA PREMIÈRE LETTRE.

Page 13, ligne 6, *vérité* lisez *variété*

Page 14, lignes 10 et 11, effacez ces mots : *de peuple à peuple*

Page 20, lignes 8, 11 et 24, *le ministre* lisez le *ministère*

www.ingramcontent.com/pod-product-compliance
Lightning Source LLC
LaVergne TN
LVHW020255230826
846091LV00006B/2419

* 9 7 8 2 0 1 2 9 5 8 9 0 6 *